Susana está molesta

Text and illustrations by Terry T. Waltz
Edited by Ana Andrés del Pozo

ISBN-13: 978-1-946626-64-6
Published by Squid For Brains
Albany, NY

CAPÍTULO UNO

¡Qué problema!

Susana Smith no está contenta. No está contenta porque tiene muchos problemas.

La casa de Susana está en Nueva York. Pero la casa no es buena. La casa no es buena porque no está en la ciudad de Nueva York. La

casa de Susana está en Clifton Park. Clifton Park es muy grande. El papá de Susana dice que Clifton Park está muy bien. Pero Clifton Park no es la ciudad de Nueva

York. Clifton Park no es Chicago. Clifton Park no es Los Ángeles. A Susana no le gusta Clifton Park.

—Quiero ir a la ciudad, a Nueva York.

Pero el papá de Susana dice que no quiere ir a la ciudad. Quiere leer en la casa. ¡Qué problema!

La mamá de Susana es un gran problema. La mamá dice que Susana tiene que comer Cheesy Tuna Surprise. Pero a Susana no le gusta el Cheesy Tuna Surprise. Cheesy Tuna Surprise no es delicioso. A Susana le gusta Pizza House. Le gusta Burger Duke. Le gusta también Tennessee Fried Chicken. Pero la mamá es un gran problema.

—Susana, no somos una familia que come en Pizza House. A tu papá no le gusta Pizza House. A tu papá le gusta comer en la casa. Le gusta comer mi Cheesy Tuna Surprise. ¡Es delicioso! —dice la mamá de Susana.

—¡Pero no me gusta el Cheesy Tuna Surprise!

—¡Susana! ¡A todos les gusta mi Cheesy Tuna Surprise!

La mamá de Susana dice que Susana tiene que comer Cheesy Tuna Surprise. Pero no es delicioso el Cheesy Tuna Surprise. ¡Qué problema!

Para Susana, la clase de inglés es un problema también. A Susana no le gusta la clase de inglés. Hay mucha tarea en la clase de inglés. La profesora de inglés también es un gran problema. La profesora de inglés dice que Susana tiene que leer muchos libros. Son libros clásicos. Pero a Susana no le gusta leer libros.

La profesora de inglés dice que los libros clásicos son muy buenos. Pero a Susana no le gustan los libros clásicos. No son interesantes. Le gusta leer su Twitter y su Facebook. También le gusta Snapchat. Facebook, Twitter y Snapchat son interesantes porque hay muchas fotos de los amigos. Los libros clásicos no tienen fotos. ¡Y no hay tarea de Snapchat!

—¡Clase! ¡Vamos a leer *Romeo y Julieta*! Es muy bueno. ¡Me gusta mucho! —dice la profesora de inglés.

¿La clase tiene que leer *Romeo y Julieta?* ¡Qué problema! Susana no quiere leer *Romeo y Julieta*. Es un libro clásico, y Susana no quiere leer libros clásicos. A Susana no le gustan los libros clásicos. Pero a la profesora de inglés le gustan mucho.

—¿Vas a leer *Romeo y Julieta*? Es un libro muy romántico. Es muy interesante. Me gusta mucho —dice la mamá.

Susana no está contenta. Está muy molesta. No quiere leer libros clásicos, pero la mamá dice que Susana tiene que leer *Romeo y Julieta*.

¡Qué problema!

La clase de inglés es un problema, pero ¡la mamá es un gran problema!

CAPÍTULO DOS

A Susana le
gusta jugar
a la Weee.
Le gusta
mucho

jugar

a la Weee. Pero Susana no tiene Weee.

—Me gusta jugar a la Weee. Pero no tenemos
Weee en la casa. ¿Por qué no tenemos Weee? —dice
Susana a sus padres.

—Tu amiga tiene Weee. ¿Por qué quieres una
Weee en la casa? Puedes ir a la casa de tu amiga para
jugar a la Weee. Vete a la casa de tu amiga para jugar a
la Weee, ¿de acuerdo? —dice el papá de Susana.

El papá de Susana es un gran problema
para ella.

Susana no quiere ir a la casa de
su amiga para jugar a la Weee.
Quiere jugar a la Weee en la

casa. Pero Susana no tiene Weee en la casa porque los padres de Susana dicen que no. Susana está muy molesta, pero va a la casa de la amiga para jugar a la Weee.

La amiga de Susana se llama Linda. Linda tiene Weee. Pero Linda no es una buena amiga.

Susana está en la casa de Linda.

—Linda, ¿cómo estás? ¿Quieres jugar a la Weee? Jugamos a la Weee, ¿de acuerdo? —dice Susana a Linda.

Aunque Linda es amiga de Susana, no es una buena amiga. Linda no es buena amiga, porque es perfecta. A la profesora de inglés le gusta mucho Linda, porque a Linda le gusta leer libros. A la profesora no le gusta Susana, porque a Susana no le gusta leer libros. A los profesores de

inglés les gustan los estudiantes que leen muchos libros.

Pero Susana no es una estudiante que lee muchos libros. Por eso a la profesora no le gusta Susana. Susana quiere ser buena estudiante. Pero a Susana no le gusta leer.

La clase de inglés es un gran problema porque a la profesora de inglés no le gusta Susana. A la profesora de inglés sí le gusta Linda. Linda es una estudiante perfecta. A todos los profesores les gusta Linda. Pero no les gusta Susana.

La clase de inglés es un gran problema. No tener una Weee también es un gran problema. Susana está muy molesta.

Y Linda no es una buena amiga. Es muy mala amiga.

—No quiero jugar a la Weee. Quiero leer. Nuestra profesora de inglés dice que tenemos que leer *Romeo y Julieta*. A mí me gusta la profesora de inglés. La profesora está contenta cuando leemos. Así que quiero leer. ¿No te gusta la profesora? Vamos a leer, ¿de acuerdo? —dice Linda.

Susana está muy molesta. No le gusta la profesora de inglés. No le gusta la profesora porque a la profesora no le gustan los estudiantes que leen poco. Susana quiere jugar a la Weee. No quiere leer. Tampoco a Susana le gusta Linda, porque Linda dice que tienen que leer.

—¿Leer? No me gusta leer. Quiero jugar a la Weee —dice Susana a Linda.

—Pero hay tarea para la clase de inglés. Vamos a leer, ¿de acuerdo? Tenemos tarea. No podemos jugar. Hay mucha tarea. ¡Tenemos que leer! —dice Linda.

—¿Por qué dices que tenemos que leer? No eres mi mamá. No eres la profesora. Somos amigas.

—Porque soy la jefa.

—No eres mi jefa. Mami es mi jefa, pero tú no. Tú no eres mi jefa —dice Susana.

—¿Cómo te llamas? —dice Linda.

—¿Cómo me llamo? Me llamo Susana Smith.

—¿Y yo? ¿Cómo me llamo? ¿Me llamo Linda Smith? ¿Sí o no?

Susana está muy molesta.

—No te llamas Linda Smith. Te llamas Linda Heighfa —dice Susana a Linda.

—Sí. Es correcto. Tú te llamas Susana Smith y ¡yo me llamo Linda Heighfa! ¿Quién es jefa? ¿Tú o yo?

Susana se enoja. ¡Linda no es buena amiga!

—Sí, tú te llamas Linda Heighfa. ¡Pero no eres jefa! ¡No eres mi jefa! Tú dices que tengo que leer, pero no eres mi jefa. ¡No tengo que leer! —dice Susana.

—Tú no eres jefa, porque no te llamas Susana Heighfa. Tú te llamas Susana Smith. ¡Smith no es Heighfa! Yo soy Heighfa. Vamos a leer, ¡porque soy la jefa! —dice Linda.

¡Susana está muy enojada! A ella no le gusta escuchar a Linda decir que es la jefa.

—Tú no tienes Weee. Tampoco te llamas Susana Heighfa. Y tú quieres jugar a la Weee. Yo tengo Weee, y me llamo Linda Heighfa. ¡Así que soy tu jefa! —dice Linda.

Susana está muy enojada. Pero Linda tiene Weee, así que Susana le dice: «De acuerdo. Vamos a leer».

Susana está muy molesta, pero la persona que tiene Weee es la jefa.

¡No tener Weee es un gran problema!

CAPÍTULO TRES

Susana está en casa. Quiere conectarse. Quiere conectarse porque una amiga escribe en Facebook «¡Hay mucha tarea de matemáticas!», y Susana quiere decir «Me gusta». Pero la computadora de Susana es un gran problema.

La computadora de Susana no es una

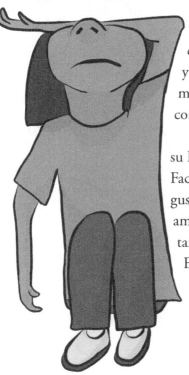

computadora nueva. Es muy vieja. Es una computadora muy grande y muy fea. Susana está muy molesta. Quiere una computadora nueva.

A Susana le gusta leer su Facebook. Quiere leer su Facebook y quiere decir «Me gusta» a su amiga, porque la amiga escribe «¡Hay mucha tarea de matemáticas!».

Es una nueva amiga en Facebook. Susana también quiere conectarse para decir en

Facebook «La clase de matemáticas es
un gran problema. La clase de inglés
es un gran problema. No tener una
Weee es un gran problema. Comer Cheesy Tuna
Surprise es un gran problema. ¡¡¡¡Todo es un gran
problema!!!!».

Pero ¡es difícil leer Facebook! porque la computadora de Susana es vieja. Susana está molesta porque quiere conectarse.

Como Susana está molesta, le dice a su mamá: «La computadora es vieja. Es un gran problema. ¡Quiero una computadora nueva!».

Pero la mamá de Susana le dice: «Susana, tu computadora es muy buena. Puedes conectarte. ¿Por qué estás molesta?».

Susana se enoja. Se enoja porque la mamá le dice que la vieja computadora es muy buena. Está enojada porque la mamá le dice que Susana está molesta.

¡Tener una computadora vieja es un gran problema! A Susana no le gusta estar molesta. Pero las personas que tienen computadoras viejas están todas molestas.

—¡Todas mis amigas tienen computadoras nuevas! ¡Quiero una computadora nueva! —dice Susana a su mamá.

—¿No tienes que leer *Romeo y Julieta*? ¡Vete a leer! Tienes que leer más. Leer es muy bueno. No es bueno conectarse mucho —dice la mamá.

Susana está molesta.

Susana va a leer el libro. Pero ¿dónde está el libro? ¿Está al lado del televisor? Pero el libro no está al lado del televisor. ¡Qué problema! ¿Dónde está el libro?

—¿Dónde está mi libro? —dice Susana.

—Susana, veo un libro al lado del televisor. ¿No es tu libro? —dice la mamá.

—No.

La mamá está molesta.

—¿No es tu libro? ¿Y detrás del televisor?

—No está al lado del televisor. No está detrás del televisor. No tengo el libro. No puedo leer.

La mamá de Susana está muy molesta. Va al televisor. Está enojada.

—¡Susana! Hay un libro detrás del televisor. ¡Tu libro está detrás del televisor!

Susana está molesta. ¿Su libro está detrás del televisor? Es imposible. Susana va al televisor. ¿Es su libro?

—El libro que está detrás del televisor no es mi libro. Es el libro de papá.

—¿El libro de papá? ¿Por qué está detrás del televisor el libro de papá?

La mamá de Susana va a la computadora.

—Susana, ¡está encima de la computadora! El libro que está encima de la computadora, ¿no es tu libro? ¡Vete a leer! La profesora de inglés dice que tienes que leer más, ¿no?

Susana va a leer el libro. Pero no lee mucho. Está molesta porque

no puede conectarse. Está molesta porque a ella no le gusta leer. Susana está muy molesta.

—¡Susana! ¡Vamos a comer! ¡No es Cheesy Tuna Surprise! —dice el papá.

¡Susana está muy contenta!

—¿No vamos a comer Cheesy Tuna Surprise? ¿Qué vamos a comer? ¿Vamos a ir a Burger Duke? ¿Vamos a ir a Tennessee Fried Chicken? Papi, ¿adónde vamos a comer? —dice Susana.

—No vamos a Burger Duke. Tampoco vamos a Tennessee Fried Chicken. Vamos a comer en casa —dice el papá de Susana.

—Pero, dices que no es Cheesy Tuna Surprise, ¿verdad? —dice Susana.

—¡Eso es! Es nuevo. ¡Se llama Creamy Cauliflower Casserole! —dice la mamá de Susana.

Susana está muy molesta. Está molesta porque la computadora es vieja. Está molesta porque no le gusta leer. Pero tener una computadora vieja no es un problema muy grande. Tener que leer un libro que no le gusta no es un problema muy grande. Pero ¿Creamy Cauliflower Casserole? ¡Qué problema!

CAPÍTULO CUATRO

Es jueves, y Susana
está en casa.
Quiere
conectarse
porque
quiere
ver si

su Facebook tiene nuevos «Me gusta». Pero no puede conectarse porque la computadora es muy vieja. Susana está muy molesta.

Susana va a hablar con su mamá. Susana dice que quiere una computadora nueva. Pero la mamá le dice que la familia no va a comprar una computadora nueva. La mamá de Susana es un gran problema.

Susana está molesta. Quiere una computadora nueva. Pero ¿qué puede hacer?

—Susana, no estás ocupada. ¿Puedes ir a ValuMart? No tenemos MiraculousWhip. A tu papá le gusta MiraculousWhip, pero no puedo ir a comprar. Vete a comprar MiraculousWhip, ¿de acuerdo? —dice la mamá.

Susana está contenta. Le gusta ir a ValuMart. ValuMart es muy grande. Hay muchas personas en ValuMart. Todos los amigos de Susana van a ValuMart. A Susana le gusta ir a ValuMart porque le gusta hablar con los amigos.

A Susana le gusta ir a ValuMart porque no le gusta estar en casa. No le gusta leer y hacer las tareas. Hay muchos libros en ValuMart. Pero a Susana le gustan los libros de ValuMart. Los libros de ValuMart no son como los libros de la clase de inglés. A Susana le gustan.

A Susana le gusta ir a ValuMart porque hay un muchacho guapo que trabaja allí. A Susana le gusta mucho ese muchacho. A Susana le gusta ir a ValuMart porque ve al muchacho guapo. El muchacho se llama Gao Mingying. Es americano, pero sus padres son chinos.

Susana le dice a la mamá: «Sí. ¡Voy ahora!».

En ValuMart hay muchas personas. Hay personas que compran computadoras. Susana mira las computadoras. Las computadoras de ValuMart son muy buenas. Susana quiere comprar una computadora, pero no tiene dinero.

Susana mira a la gente en ValuMart. ¡Gao Mingying está allí! ¡El muchacho que a Susana le gusta está en ValuMart! Susana mira a Gao Mingying. ¡Qué guapo es! Susana quiere decirle «Me gustas», pero Gao Mingying tiene novia.

—Perdón, ¿dónde está el MiraculousWhip? —le dice Susana.

—No hay. Pero vamos a tenerlo mañana —le dice Gao Mingying a Susana.

Susana quiere llorar. Está muy molesta. La mamá quiere MiraculousWhip. Al papá le gusta mucho el MiraculousWhip. Pero en ValuMart no hay. ¡Qué problema! Susana no quiere ir a PriceMart. Quiere ir a la casa porque quiere conectarse. No quiere ir a PriceMart. Ir a PriceMart es un problema.

—No hay MiraculousWhip, pero a mi papá le gusta mucho, y no tenemos en la casa. ¡Qué problema! —le dice Susana al muchacho guapo.

—Lo siento. Veo que estás muy molesta. ValuMart quiere darte un boleto de PowerBall. Te damos el boleto de PowerBall porque no tenemos el

MiraculousWhip que quieres comprar. ¿Está bien?
—le dice el muchacho guapo a Susana.

—¡Gracias! Mis padres nunca compran boletos de
PowerBall. Pero a mí me gusta PowerBall.

¡Mucho mucho dinero! ¡Susana quiere tener
mucho dinero!

—¡Mira! No hay MiraculousWhip en ValuMart,
pero el muchacho de ValuMart
nos dio un boleto de PowerBall.
Es fantástico, ¿no? ¡Podemos
ganar mucho dinero! —dice
Susana a la mamá.

Pero la mamá de Susana no
quiere un boleto.

—No quiero un boleto de
PowerBall. Quiero MiraculousWhip. ¡Qué problema!

Pero Susana no está molesta. Está contenta. Tiene
un boleto de PowerBall. ¡Es mucho dinero!

CAPÍTULO CINCO

Es sábado, y Susana piensa en el boleto de PowerBall. Quiere ganar mucho dinero. ¡Mucho mucho dinero! ¡La persona que gana el PowerBall gana sesenta millones! Sesenta millones es mucho dinero.

Susana va a la casa de Linda. Susana quiere jugar a la Weee. Pero Linda no quiere.

—No quiero jugar a la Weee. Vamos a Crossgates Mall.

Susana no quiere ir. Quiere jugar a la Weee. Aunque Linda no es muy buena amiga, Susana no está molesta. Está muy contenta.

Está
contenta
porque piensa en el
boleto de PowerBall. ¡Sesenta millones!

Susana piensa en los sesenta millones. Piensa en
tener una Weee. Susana piensa: «No importa si Linda
quiere jugar o no, porque yo tengo una Weee. Yo
puedo jugar a la Weee en mi casa».

Como Susana no quiere ir a Crossgates Mall con
Linda, se conecta en la casa. Aunque la computadora
es vieja y no muy buena, Susana no se enoja. No se
enoja porque piensa en el boleto de PowerBall. Piensa

en los sesenta millones que puede ganar. Piensa en una computadora nueva.

Susana mira al Cheesy Tuna Surprise de su mamá. Pero no está molesta. Come mucho.

—Susana, el Cheesy Tuna Surprise de tu mamá es delicioso, ¿no es así? —le dice el papá.

Pero Susana no piensa en el Cheesy Tuna Surprise. Piensa en los sesenta millones. Piensa en el boleto de PowerBall. Si tuviera sesenta millones, ¡no comería Cheesy Tuna Surprise nunca!

Susana está muy contenta.

—Sí, delicioso. Papi, hoy es sábado, ¿verdad?

—Sí. Quieres más Cheesy Tuna Surprise, ¿no? —le dice el papá a Susana.

Susana no quiere comer más Cheesy Tuna Surprise.

—El sábado es el día para ver el programa de PowerBall. Vamos a ver el programa de PowerBall, ¿de acuerdo? —dice Susana.

—¿Por qué quieres ver la tele? No me gusta ver la tele. No me gustan esas personas que ganan el PowerBall. No tenemos dinero. ¿Por qué vamos a ver un programa con muchas personas ricas? —le dice la mamá.

—Pero, mamá, tenemos un boleto de PowerBall. ¿No quieres verlo? Si ganamos el PowerBall, vamos a ser ricos también —dice Susana.

—Vete a ver el programa con tu papá, ¿de acuerdo?

Susana y su papá van a ver la tele. Tienen un televisor pequeño. A Susana no le gusta. A Susana le gustan los televisores grandes. El televisor de Linda es muy grande. Las personas que juegan a la Weee tienen televisores grandes.

Pero hoy Susana no piensa en tener un televisor grande. Piensa en el boleto de PowerBall.

«En ValuMart, seis botellas de MegaCola por seis dólares. ¡Buenas matemáticas, más por menos!».

Susana no quiere pensar en MegaCola o ValuMart. Quiere ver el programa de PowerBall.

«¡Tennessee Fried Chicken es delicioso! Seis personas comen ¡por solo diez dólares! ¡Rápido! ¡Vete a Tennessee Fried Chicken!».

Susana está muy molesta. No quiere pensar en Tennessee Fried Chicken. ¡Quiere ver el programa de PowerBall!

Susana mira el boleto de PowerBall. Los números que tiene son estos: tres, seis, veintiséis, cuarenta y siete, cincuenta, sesenta y tres. ¡Rápido! ¡Susana quiere ver los números de PowerBall!

—No tenemos Jello. Si ustedes quieren comer BroccoJelloMold, tienen que ir a ValuMart y comprar Jello, ¿de acuerdo? —dice la mamá.

El papá de Susana mira a Susana.

—Papi, no podemos ir a ValuMart. Tenemos que ver los números de PowerBall. Vamos a ganar el PowerBall —le dice Susana.

—Susana, tenemos que ir a ValuMart. Vemos el programa de PowerBall cada sábado. No ganamos nunca. Vamos a comprar Jello, ¿de acuerdo?

—Papi, ¡mira! Son los números de PowerBall.

—Está bien, está bien.

El papá de Susana ve la tele.

«El primer número es el seis. Seis».

—¡Fantástico! ¡Tenemos el seis en el boleto de PowerBall!

«El segundo número es el veintiséis».

Susana está muy contenta. El boleto tiene el veintiséis también.

«El tercer número es el sesenta y tres».

—¡Tenemos tres números! ¡Vamos a ganar! —dice Susana a su papá.

«El cuarto número es el tres. Tres».

Susana mira el boleto. ¡Tres! Hay un tres en el boleto.

«El quinto número es el cincuenta».

Papi mira a Susana.

—Tenemos cinco números, pero cinco números no son seis números.

—El sexto número en nuestro boleto es el cuarenta y siete. Mi cumpleaños es el cuatro de julio. ¡Vamos a ganar! ¡Vamos a ganar! —dice Susana.

«El sexto número es el cuarenta y uno».

¿Cuarenta y uno? Susana quiere llorar. No tienen seis números. Tener cinco números está muy bien, pero no es mucho dinero. Si una persona tiene seis números, gana sesenta millones. Las personas que tienen cinco números ganan trescientos dólares.

—¡Qué bien! ¡Cinco números! ¡Muy bien! —dice el papá.

«¡Dios mío! ¡Perdón! El sexto número no es el cuarenta y uno. ¡El sexto número de PowerBall es el cuarenta y siete!», dice la persona en la tele.

Susana mira a su papá.

—¡Papi! ¡Tenemos sesenta millones de dólares!

Papi le da el Cheesy Tuna Surprise al perro.

CAPÍTULO SEIS

Es lunes, y Susana está en la casa. Hoy no va a la escuela. Los padres de Susana no van al trabajo. Los tres están en la casa. Están en la casa porque ganaron el PowerBall el sábado. Un hombre va a venir a su casa.

Los padres de Susana no van al trabajo porque el hombre va a venir a la casa. El hombre quiere ver el boleto de Susana. Quiere ver los números. Quiere ver si los números son correctos o no. Son las nueve. El hombre de Powerball no llega.

—¿Dónde está el hombre de Powerball? —dice la mamá de Susana.

—Va a venir a las dos de la tarde. Vamos a ver la tele, ¿vale? —le dice el papá de Susana a la mamá.

Son las doce. El hombre de PowerBall no llega.

—¿Por qué el hombre de Powerball no está aquí? —dice la mamá de Susana al papá.

—Mira. Son las doce. El hombre de Powerball viene a las dos —dice el papá de Susana a la mamá.

—A las dos. ¿Por qué a las dos? ¿Por qué no viene a las doce? Quiero verlo. Quiero ver cómo mira el boleto de PowerBall —dice la mamá de Susana al papá.

—Los números del boleto de PowerBall son correctos. Vete. Puedes leer tu Facebook. ¿Vale? —le dice Susana a la mamá.

Pero la mamá de Susana no quiere leer su Facebook. Quiere ver al hombre de Powerball.

A las dos, Susana y sus padres están muy contentos. ¡El hombre de PowerBall viene a las dos! Pero… ¿dónde está? ¡Qué problema! Los tres están muy molestos porque el hombre de PowerBall no está en su casa. ¡Quieren verlo!

A las tres, el hombre de PowerBall llega a la casa de Susana. Susana y sus padres están muy contentos.

—¡El hombre de PowerBall está aquí! ¡El hombre de PowerBall está aquí! —dice Susana.

El hombre de PowerBall es muy alto. Es muy feo.

—Soy el hombre de PowerBall. Me llamo Freddy Fitzsimmons —le dice a Susana.

—¡Buenos dí..., buenas tardes! Me llamo Susana.

—¡Hola a todos! Por favor, ¿usted se llama Bob Smith? —le dice el hombre de PowerBall al papá.

—Sí, soy yo. Por favor, ¿usted es...? —le dice el papá de Susana al hombre de PowerBall.

—Soy Freddy Fitzsimmons. Trabajo en la compañía de PowerBall.

—Ganamos mucho dinero, ¿no? —le dice Susana al hombre.

—Si los seis números son correctos, sí, ustedes ganan. Pero tengo que ver el boleto —dice Freddy.

—Susana, por favor, ¡dale el boleto al señor Fitzsimmons! —dice el papá.

—No tengo el boleto. Papi, ¿no lo tienes tú? —dice Susana.

—Bárbara, ¿dónde está el boleto? Tú lo tienes. ¿Dónde está? —dice el papá a la mamá.

—¿Dónde está el boleto? Tú lo tienes. Yo no. ¿No está al lado del televisor? Vete a ver si el boleto de

PowerBall está al lado del televisor —dice la mamá de Susana.

Susana corre al televisor. Mira al lado del televisor.

—No está el boleto al lado del televisor —dice Susana a sus padres.

—¿Está en el sofá? Vete a ver si el boleto está en el sofá, ¿vale? —dice el papá.

La mamá corre al sofá. Susana y su papá también corren al sofá.

Pero el boleto no está en el sofá. Los padres de Susana están enojados. ¿Dónde está ese boleto?

—Si ustedes no tienen el boleto, no puedo hacer nada. Si ustedes quieren el dinero de PowerBall, tienen que darme el boleto —dice Freddy Fitzsimmons.

—Señor Fitzsimmons, ¿quiere usted tomar un café? Un cafecito, y ahora le damos el boleto —dice la mamá de Susana.

—Sí, por favor. Pero prefiero té. Por favor, ¿ustedes tienen té helado? —dice el señor Fitzsimmons.

—Susana, el señor Fitzsimmons quiere tomar un té helado —dice la mamá de Susana.

Susana abre el frigorífico. No hay té helado. ¡Pero el boleto de PowerBall está en el frigorífico!

—¡Mamá! ¡Mira! ¡El boleto de PowerBall está en el frigorífico! Tú siempre pones las cosas importantes en el frigorífico, ¿no? —dice Susana.

—¡Ay, qué suerte! —dice la mamá de Susana.

Le da el boleto al señor Fitzsimmons.

Freddy Fitzsimmons mira el boleto.

—Tres. Seis. Veintiséis. Cuarenta y siete. Cincuenta. Sesenta y tres. Sí, ¡son correctos los números! ¡Ustedes ganan!

—Perdón, pero ¿cuánto dinero ganamos? ¿Es mucho dinero? —dice Susana.

—¡Sí, es mucho dinero! Sesenta millones, ¿no? —dice el papá de Susana.

—Sí. Pero ustedes están en Nueva York. Nueva York también quiere un poco de dinero. El estado de Nueva York toma treinta y cinco millones. Así que ustedes ganan veinticinco millones —dice el señor Fitzsimmons.

Susana mira a su papá. Nadie habla. ¡Veinticinco millones! ¡Aunque Nueva York toma mucho dinero, la familia va a tener mucho dinero! ¡Son ricos!

CAPÍTULO SIETE

Tres meses más tarde, Susana y sus padres van a Alaska.

Aunque los números son correctos, la familia tiene que ir a Elephant Point, Alaska. La familia tiene que ir a Elephant Point porque la oficina del PowerBall está allí. El dinero está en Elephant Point también.

El papá de Susana no quiere ir a Elephant Point. Al papá de

Susana
no le
gusta
ir en avión. Él cree
que las películas
en los aviones son
todas malas. También
cree que ir en avión es muy caro. Aunque Susana
y su mamá le dicen que para ir a Elephant Point es
necesario ir en avión, él no quiere ir en avión.

—Vamos a ir en avión a Elephant Point, ¿de
acuerdo? Ir a Elephant Point en coche son ochenta y
dos horas. Es mucho tiempo. No quiero estar en el
coche ochenta y dos horas. Si vamos en avión, son
solo diez horas. Vamos en avión —le dice la mamá de
Susana al papá.

Cuando el papá de Susana escucha «vamos en avión», se enoja.

—¡No quiero ir en avión! Vamos en coche. No tenemos avión, pero tenemos coche. Vamos a ir a Elephant Point en coche.

—¡Dios mío! Susana y yo vamos en avión. Si te gusta tanto el coche, puedes ir en coche. Vamos a ir en un avión grande de United, y tú vas a ir en coche. Perfecto. ¡Pero tienes que estar allá el día cinco! —dice la mamá.

—Está bien, está bien. Ustedes van en avión. Yo voy en coche. No hay problema.

A las cinco y media de la mañana del día cinco Susana y su mamá están en el aeropuerto. Van a Elephant Point en avión. Primero van a ir a Chicago. En el avión, Susana y su mamá ven una película. El avión es muy viejo. A la mamá de Susana no le gustan los aviones viejos.

—¡Este avión es muy viejo! ¡No quiero ir en un avión viejo!

Susana mira a su mamá.

—Mamá, ¿cuál es el problema?

—¡Los aviones viejos no son buenos! Son muy pequeños. No me gustan —dice la mamá.

—El avión de Chicago a Juneau no es un avión viejo. Es nuevo. Es grande —dice Susana.

—Pero el avión de Albany a Chicago es muy viejo. Es pequeño.

Susana está molesta. La mamá dice que Susana se enoja mucho, pero Susana piensa que es la mamá la que se enoja mucho.

En Chicago hay muchas personas.

—Hay muchas personas en este aeropuerto. ¿Adónde quieren ir todas? —dice Susana.

El avión de Albany llega a la terminal B. El avión para Alaska está en la terminal D.

—Tenemos que ir a la terminal D. El avión va para Alaska a las diez y media.

—¿Y qué hora es?

—Son las nueve.

—Está bien. ¡Vamos!

Susana y su mamá están en la terminal D.

—Perdón, ¿dónde está el avión para Alaska?

—¿Ustedes van a Alaska? El avión para Alaska está en la puerta número 5D —les dice una mujer.

Susana y su mamá van a la puerta 5D. Ven el avión.

El avión para Alaska es muy grande, pero es viejo. Hay muchas personas que también quieren ir a Alaska.

—¿Cuánto tiempo tenemos que estar en el avión? —dice la mamá de Susana.

—Seis horas y media.

—¿Seis horas y media? ¡Qué molestia!

—Mami, hay dos películas. Puedes ver las películas. Te gustan las películas. Es una buena oportunidad, ¿no?

—¡Pero las películas en los aviones no son buenas! Susana mira a su mamá.

—Por favor, no seas así, ¿de acuerdo?

Las personas en el avión ven la película. Pero el avión para Alaska no es un avión nuevo. Es viejo. En los aviones nuevos, cada persona tiene un pequeño televisor, pero en este avión no. Hay un gran televisor en el frente del avión.

Todas las personas tienen que ver la misma película. Y las películas en el avión son todas viejas.

—¡Qué molestia! No quiero ver películas viejas. Quiero leer NewsMonth —dice la mamá.

Pero en el avión no hay NewsMonth.

—No hay NewsMonth en el avión. ¡Las películas viejas son muy buenas! Son clásicas. Y mami, ¿prefieres ir en avión durante diez horas y media o ir en coche durante ochenta y dos horas? —dice Susana.

La mamá es un gran problema para Susana. Susana está molesta, no porque tiene que ir en avión diez horas y media, sino porque a su mamá no le gusta nada en el avión.

A las dos, Susana y su mamá están en Alaska. Susana está muy contenta.

CAPÍTULO OCHO

Susana y su
mamá van a Mukluk's House of
Caribou. En Mukluk's, Susana
ve un coche color café. Hay un
gran alce encima del coche.

—Mami, ¡mira! ¡Hay
un alce encima de ese
coche! —dice Susana.

—¿Qué? ¿Qué hay
encima del coche?

—¡Un alce! Hay
un alce sentado
encima de ese
coche color café.

Pero la mamá
de Susana no
escucha. No quiere

ver el alce. Bob, el papá de Susana, está en Mukluk's
también. No está contento el papá de Susana.

—¡Hola! ¿Fue bien el viaje? —dice la mamá de
Susana.

El papá de Susana no habla.

—¿Cuál es tu problema? ¿Estás bien? —dice la
mamá de Susana.

—Papi, ¿tenemos problemas? —dice Susana
al papá.

—¡Sí, tenemos un problema enorme! No podemos
ir a Elephant Point —dice el papá.

Susana mira a su papá.

—¿No podemos ir a Elephant Point? ¿Por qué?
¡Pero necesitamos ir a Elephant Point! ¡El dinero
de PowerBall está en Elephant Point! Si no vamos a
Elephant Point, no vamos a ser ricos.

—Y ¿por qué no vamos a Elephant Point? —dice
la mamá de Susana.

El papá no dice nada.

La mamá de Susana mira al papá.

—¿Qué pasa con el coche?

—Es que…, es decir…, ah…

La mamá de Susana se enoja.

—¡Dime! ¿Qué pasa con el coche?

—El coche…, pues ya no tenemos coche.

—¿No tenemos coche? ¿Me dices que no tenemos
coche? ¿Por qué dices que no tenemos coche? ¿Cómo
es que estás aquí, si no tenemos coche?

El papá de Susana está molesto.

—Imagínate. Son las nueve de la mañana. Estoy
aquí, tomando un cafecito. Y viene un alce. Un alce
grande. Un alce enorme.

—¿Un alce? ¿Por qué me hablas de un alce? Quiero saber qué pasa con el coche. No quiero escuchar historias de alces. ¿Por qué me hablas de un alce?

—Porque ese alce está sentado encima de nuestro coche.

La mamá de Susana se ríe.

—Bob, ¡hoy no es el Día de los Inocentes! Dilo ya. ¿Qué pasa con el coche?

Pero Susana no se ríe. Susana sabe que hay un alce encima de un coche, y sabe que ese coche es el coche de su familia. Sabe que el alce es muy grande.

—Bárbara, escucha bien. Hay un alce grande. Un alce enorme. Ese alce enorme está sentado encima de nuestro coche —dice el papá.

La mamá de Susana mira al papá.

—¿Un… alce… encima de…

nuestro coche? ¿Y cómo es que un alce está sentado encima de nuestro coche? ¡Ah!, ya lo sé. Quiere ir a Elephant Point con nosotros, ¿O es que también hay un pingüino que viene a las cinco para tomar café contigo?

La mamá se ríe durante mucho tiempo.

—Bárbara. Escúchame bien, por favor.

—¡No quiero escuchar más! Los alces no se sientan encima de los coches. ¡Dime ya dónde está nuestro coche!

—Mami, está aquí. ¿No me escuchas? Mira ese coche color café. Hay un alce encima, ¿no? Y ese coche color café es nuestro coche. ¡Hay un alce sentado encima de nuestro coche! —dice Susana.

La mamá de Susana mira el coche. Ahora no se ríe.

—¡Mira! ¡Sí que hay un alce encima del coche! Así que no podemos ir a Elephant Point. ¡Qué molestia! —dice el papá.

—Quiero un café.

A las seis de la tarde, Susana y sus padres están en Mukluk's House of Caribou. Piensan en el gran problema que tienen. No saben cómo pueden ir a Elephant Point.

—Podemos ir en avión. Aquí en Alaska hay muchos aviones, y son todos muy nuevos —dice Susana.

—Los aviones que van a Elephant Point son muy pequeños. No me gustan los aviones pequeños —dice la mamá de Susana.

—Creo que Amtrak va a Elephant Point. Podemos ir en tren —dice el papá de Susana.

La mamá de Susana mira su ePhone.

—A ver…, Fairbanks sí, pero no hay estación de tren en Elephant Point. Amtrak no va a Elephant Point.

—¿Cómo vamos a Elephant Point?

Los tres están muy molestos. ¿Cómo pueden ir a Elephant Point?

Mukluk's House of Caribou no es muy grande. Hay pocas personas en el restaurante. Susana mira a las personas en el Mukluk's House of Caribou. Un hombre viejo mira a Susana. Es muy feo. El viejo camina hacia el papá de Susana.

—¿Ustedes necesitan ir a Elephant Point?

El papá de Susana mira al viejo.

—Sí. Me llamo Bob Smith. ¿Cómo se llama usted?

—Pocas personas quieren ir a Elephant Point —le dice el viejo al papá de Susana.

—Tenemos un problema. Hay un alce grande sentado encima de nuestro coche —dice el papá de Susana.

—¿De verdad?

—Sí. Así que no podemos ir a Elephant Point en coche.

—Vengan conmigo —dice el viejo.

CAPÍTULO NUEVE

—¿Ustedes saben cantar?

—¿Cantar? ¿Por qué nos pregunta si sabemos cantar? ¿Las personas que quieren ir a Elephant Point tienen que cantar? —le dice el papá de Susana al viejo.

El viejo se ríe.

—No. Las personas que no saben cantar también pueden ir a Elephant Point. Les pregunto si saben cantar

porque no tienen coche.

—Sí, es verdad que no tenemos coche ahora, pero… ¿cantar? —dice la mamá de Susana.

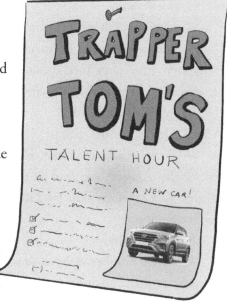

—¿Ustedes ven el famoso programa de televisión Trapper Tom's Talent Hour? —dice el viejo.

—¿Trapper Tom's Talent Hour? ¡Me encanta! ¡Todos los miércoles a las ocho veo ese programa! ¡A todas las personas en Nueva York nos encanta Trapper Tom's Talent Hour! ¡Los cantantes de Trapper Tom's son muy buenos! —dice la mamá de Susana.

—Pues, ¿ustedes saben cantar? ¿Sí o no? —les dice el viejo.

—Susana sí sabe cantar, pero nosotros dos no cantamos muy bien —dice la mamá de Susana.

Los tres miran a Susana.

—¿Qué canciones sabes cantar? —dice el viejo.

—¡Susana sabe cantar muchas canciones! Canta muy bien. En Nueva York a todo el mundo le gusta escuchar a Susana —dice la mamá de Susana.

El viejo mira a Susana.

—¿Qué canciones cantas?

—Canto canciones chinas. Estudio chino en la escuela. ¿A usted le gustan las canciones chinas? ¿Canto una canción china para usted ahora?, ¿quiere? —dice Susana.

El viejo la mira.

—Soy un hombre viejo en Alaska. ¿Cómo me van a gustar a mí las canciones chinas? ¡No hablo chino! ¡El programa no es Taiwan's Got Talent! ¿No sabes cantar canciones americanas? A Trapper Tom le gustan las cantantes que cantan canciones americanas. Al público también le gustan las cantantes que cantan canciones americanas. A nadie le gustan las canciones chinas.

Susana está muy molesta. En la clase de chino, a todos les gustan las canciones chinas. ¿Cómo es que a este señor no le gustan? ¿Por qué al público no le gustan?

—Sé cantar unas canciones de Elvis. ¿Las canciones de Elvis son buenas para Trapper Tom's

Talent Hour? Me gustan mucho las canciones de Elvis. Y soy muy guapo, por eso canto muy bien las canciones de Elvis —dice el papá de Susana.

—¿Usted canta las canciones de Elvis? Fantástico —dice el viejo con ironía.

El viejo mira a Susana.

—Pero tú no sabes cantar las canciones de Elvis, ¿verdad? Los tres tienen que cantar canciones americanas. A Trapper Tom le gustan los grupos.

Susana está muy molesta.

—Pues no cantamos.

—Tenemos que pensar —dice el viejo.

Los cuatro piensan unos minutos.

—¿Saben bailar? —dice el viejo.

Mira a la mamá de Susana.

—Dígame que saben bailar los tres. ¡A Trapper Tom le encantan las personas que saben bailar!

—No sé bailar. Papi y mami bailan muy bien, pero yo no. ¡Qué molestia! Quiero bailar con ustedes. A Trapper Tom le gustan las familias que saben bailar —dice Susana.

—¡Es imposible! Susana no sabe hacer nada —dice el papá de Susana.

—¡No es verdad! Susana sabe hacer muchas cosas. No sabe cantar y no sabe bailar, pero sabe ver la tele y sabe conectarse. También juega muy bien a la Weee —dice la mamá de Susana.

El viejo mira a Susana.

—Tu mamá dice que juegas bien a la Weee.

—¡Sí! ¡Juego muy bien! No tengo Weee. Tengo que ir a la casa de mi amiga para jugar a la Weee —le dice Susana.

—Hay un concurso de Weee en Fairbanks el viernes. Es un concurso muy bueno. Puedes ganar mucho dinero —dice el viejo.

—¡Fantástico! Con ese dinero, podemos ir a Elephant Point —dice el papá de Susana.

—Pero no tengo Weee esta semana. ¿Hay Weees públicos en Fairbanks? Tengo que practicar. ¡Quiero jugar bien en el concurso el viernes! —dice Susana.

—¡Vamos a Fairbanks! —dice la mamá de Susana.

CAPÍTULO DIEZ

Es viernes, y Susana está muy nerviosa. Está nerviosa porque hay un concurso a las siete. A Susana no le gustan los concursos. Cuando Susana compite en Nueva York, nunca gana. ¡Pero tiene que ganar! La familia necesita ir a Elephant Point, porque su dinero está en Elephant Point.

La mamá de Susana la mira.

—Susana, ¿estás bien?

—Sí, estoy bien —le dice Susana a su mamá.

—¿Quieres ir a Mukluk's?

—No, gracias.

—¿Nerviosa? Pero te gusta jugar a la Weee. Vete a jugar a la Weee. Te gusta jugar a la Weee. ¡Tienes que jugar bien en el concurso! —dice la mamá de Susana.

—¡Es imposible! Aunque me gusta jugar a la Weee, no tengo Weee en la casa. Como no tengo Weee en la casa, no juego mucho. Y como no juego mucho a la Weee, no juego muy bien —dice Susana.

—¡Juegas muy bien a la Weee! Vas a jugar muy bien en el concurso de Weee. Aunque no tenemos Weee en Nueva York, juegas muy bien. ¡No hay problema! —dice el papá de Susana.

—¿Qué hora es?

—Son las seis y media.

—Pues vamos. Tengo que competir a las siete.

El concurso de Weee es en el AlaskaDome.

El AlaskaDome es muy grande. Hay muchas personas en el AlaskaDome. Hay personas que van al AlaskaDome para competir. También hay personas que van al AlaskaDome para ver a las personas que compiten. Las personas que van a competir están todas muy nerviosas. Susana mira a las personas en el AlaskaDome.

Freddy Fitzsimmons está allí.

—¡Mira! ¡Freddy Fitzsimmons está en Alaska! ¡Es muy guapo! ¿Por qué está en Alaska? —dice la mamá de Susana cuando ve a Freddy.

—Bárbara, por favor, no me gusta nada Freddy Fitzsimmons. Vamos a pensar en el concurso de Weee, no en Freddy Fitzsimmons. Susana va a competir —dice el papá de Susana.

—Por favor, las personas que van a competir, ¡vengan conmigo! —dice un hombre muy guapo a las personas que van a competir.

—Tengo que ir —dice Susana.

—¡Buena suerte! ¡Buena suerte! ¿Estás nerviosa? —le dice la mamá de Susana.

—¡Buena suerte! Tienes que ganar, ¡porque tenemos que ir a Elephant Point! —dice el papá de Susana.

—Sí, sí. Quiero ganar, pero estoy muy nerviosa
—les dice Susana.

—¡No importa! ¡No importa nada! ¡Rápido!
—dice la mamá de Susana.

El hombre guapo habla a las personas que van a
competir.

—Me llamo
señor Reyes. Todo
el mundo me llama
Rey de la Weee
porque juego muy
bien a la Weee. Vamos
a tener un concurso.
Es un concurso
muy grande.
Hay cincuenta
personas
que van a
competir.

¡Pero solo una persona va a ganar! ¿Quién va a ganar?

—¡Yo voy a ganar! —grita todo el mundo.

—Vamos a ver quién va a ganar. El concurso
número uno es el concurso de baile —dice el Rey de
la Weee.

¿Un concurso de baile? Susana está molesta. Está muy nerviosa también. Susana no baila bien. Baila muy mal. Mira a las personas que van a competir.

Todos bailan muy bien. Susana no gana el concurso de baile.

—¡No importa! ¡Hay dos concursos más! —grita la mamá de Susana.

El papá de Susana está molesto.

—¡Susana! ¡Susana! ¡Tenemos que ir a Elephant Point!

—Tienes que gritar «¡buena suerte!». ¡Está muy nerviosa! —le dice la mamá de Susana al papá.

El concurso número dos es un concurso de cantar.

Susana está molesta porque no sabe cantar canciones americanas. Solo sabe cantar canciones chinas. El hombre viejo le dijo que a nadie le gustan las canciones de China. Pero ¡es horrible!

—Este concurso se llama Karaoke War. Pero como hoy es un concurso muy especial, ustedes no van a cantar canciones americanas. ¡Van a cantar canciones chinas! —dice el Rey de la Weee.

¡Susana está supercontenta! ¡Sabe cantar muchas canciones chinas!

—Los resultados del concurso de cantar… ¡Gana Susana Smith!

En el concurso número tres, solo compiten Susana y la persona que ganó el concurso de baile.

—Estas dos personas son muy buenas, ¿no? Pero ¿quién va a ganar?

—dice el Rey de la Weee.

CAPÍTULO ONCE

—¡Buena suerte! ¡Buena suerte! —grita todo el mundo.

—¿Qué tipo de concurso es? ¿Es un concurso de Rock Band? —pregunta Susana.

—¡Sí! Rock Band está muy bien. ¡Soy experto de Rock Band! Soy experto de guitarra. ¡Excelente! —le dice el hombre que ganó el

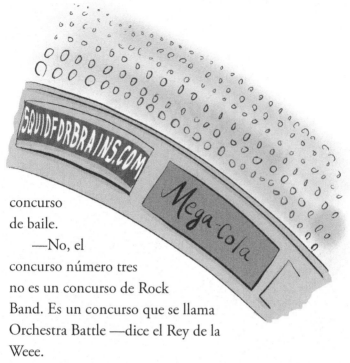

concurso
de baile.

—No, el
concurso número tres
no es un concurso de Rock
Band. Es un concurso que se llama
Orchestra Battle —dice el Rey de la
Weee.

¿¿Orchestra Battle?? Susana no sabe qué juego es.

—¿Hay un juego de la Weee que se llama
Orchestra Battle? —dice Susana.

El hombre que ganó el concurso de baile está muy
molesto.

—¿Qué juego es? ¿Orchestra Battle? Tengo todos
los juegos de la Weee, ¡pero no tengo Orchestra Battle!

—Es nuevo. ¡Nadie lo tiene! —dice el Rey de la
Weee.

Los dos juegan a Orchestra Battle durante tres horas. Ahora Susana no está nerviosa. Juega muy bien.

En el William Tell Overture gana quinientos puntos. En el Beethoven's Fifth gana seiscientos treinta puntos.

¡Pero el chico que ganó el concurso de baile juega mejor que Susana! En el William Tell Overture gana quinientos seis puntos. En el Beethoven's Fifth gana seiscientos cuarenta y dos puntos.

Susana está muy molesta. No gana el William Tell Overture. Solo tiene quinientos puntos. Tampoco gana el Beethoven's Fifth. Aunque juega muy bien, ¡el chico que ganó el concurso de baile juega mejor que ella! ¡Es horrible!

—Y el campeón es…, perdón, ¿cómo se llama usted? —dice el Rey de la Weee.

—Me llamo Iwata. Iwata Satoru.

—Usted juega muy bien. Es el campeón. ¡El gran premio es para usted! ¡Es un coche nuevo!

Susana está muy molesta. No es la campeona. Es el número dos. A la persona número dos no le dan un coche nuevo. Sus padres tienen que ir a Elephant Point. ¡Necesitan un coche nuevo!

—Y… el número dos es… la señorita…, perdón, ¿cómo se llama usted?

—Me llamo Smith. Susana Smith.

—Susana, juega muy bien. Tenemos un premio fantástico para usted. ¡Es un trineo de perros!

¿Un trineo? ¿De perros? ¿Qué es?

—Perdón, ¿pero qué es un trineo de perros?

—Pues es un trineo para perros. ¡Es fantástico! ¿Tiene usted perro?

—No necesito un trineo. Necesito un coche. ¿No hay un coche viejo para mí?

—Lo siento, no hay. Usted es el número dos. El campeón tiene un coche nuevo. El número dos gana un trineo de perros.

Susana mira a sus padres. El hombre viejo de Mukluk's House of Caribou habla con ellos. El papá está muy contento.

—Muchas gracias. Estoy muy… contenta… de tener un trineo de perros —dice Susana.

—¡Muy bien! Tengo mucha curiosidad. ¿Adónde va a ir en el trineo de perros? ¿Va a ir a Juneau?

—No, señor. ¡Mis padres y yo vamos a Elephant Point!

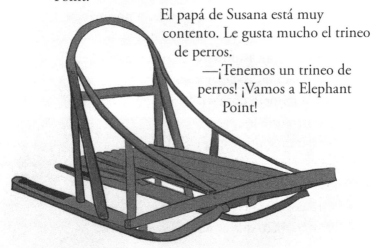

El papá de Susana está muy contento. Le gusta mucho el trineo de perros.

—¡Tenemos un trineo de perros! ¡Vamos a Elephant Point!

—Papá, ¿sabes conducir un trineo de perros? —le pregunta Susana.

—Pues… solo sé conducir un coche. Pero conducir un trineo de perros no es difícil. Me gustan mucho los perros, y a los perros les gusto mucho también —le dice el papá de Susana.

Pero la mamá de Susana no está contenta.

—Bob, sé que a ti te gustan los perros, pero ¿quién va a conducir el trineo de perros a Elephant Point? ¿Tú vas a conducirlo?

—Sí. Yo voy a conducirlo —dice el papá de Susana.

—¿Y cómo conduces un trineo de perros?

—¿Cómo conduzco un trineo de perros? Pues no es difícil.

—No importa si es difícil o no. El problema es que no tenemos perros. Es un trineo de perros, no un trineo de personas. Necesitamos perros.

—Sí, y necesitamos muchos perros. ¿No es así? —dice el papá de Susana.

—Necesitamos seis o siete perros. Sí, son muchos —dice Susana.

—Está bien, no hay problema. Yo sé conducir el trineo. Pero no tenemos perros. ¿No es así, preciosa?

La mamá no está contenta. Mira al hombre viejo de Mukluk's House of Caribou.

—¿Usted sabe dónde hay perros?

CAPÍTULO DOCE

¡Guau, guau, guau!

En la mañana, Susana y sus padres van a Alaska Animal Shelter. Necesitan ir a Alaska Animal Shelter porque no tienen dinero para comprar perros. Hay muchos animales en el Alaska Animal Shelter.

—No hay problema. Hay muchos animales — Susana dice.

Hay muchos animales en el Alaska Animal Shelter. Pero ¡hay pocos perros!

Hay muchos gatos. Hay trescientos cuarenta y siete gatos. También hay

muchas
cobayas.
Hay muy
pocos
perros.
Aunque hay
mucho guau, guau, guau, hay muy
pocos perros.

—¿Por qué hay tantas cobayas? ¿A los niños de
Alaska les gustan tanto las cobayas?

A la mamá de Susana no le gustan nada las
cobayas. Cuando Susana tenía cinco años quería
una cobaya. Cuando tenía seis años quería una
cobaya. Cuando tenía siete años quería
una cobaya. Cuando tenía ocho años
también quería una
cobaya. Pero como a la mamá no le
gustan las cobayas, Susana no tenía.
¡Qué molestia!

¡Guau, guau, guau!

—¿Qué dices?

—¡Mira, cobayas! ¡Muchas cobayas! —dice Susana a su mamá.

—Sí. ¡Tenemos muchas cobayas! ¿Cuántas quieren? Tenemos cobayas pequeñas y tenemos cobayas grandes también. ¿Quieren una cobaya blanca o una cobaya negra? —les dice un hombre.

—¿Cobayas? No me gustan nada las cobayas. No quiero hablar de cobayas, ¿de acuerdo? —dice la mamá.

—Las cobayas que a usted no le gustan no son tan bonitas como las cobayas de Alaska. Las cobayas que no le gustan son mucho más estúpidas que las cobayas de Alaska. Las cobayas de Alaska son bonitas y no son estúpidas. ¡Rápido! ¿Cuántas quieren? ¿Cinco? ¿Ocho?

—No sé. Las cobayas son muy pequeñas. Queremos perros. Los perros son grandes. Tenemos un trineo de perros. ¡No es un trineo de cobayas! —dice el papá de Susana.

—Pero las cobayas no son pequeñas. Son muy grandes.

—Está bien, está bien. Por favor, vamos a ver los perros.

Hay mucho guau, guau, pero los perros en el Alaska Animal Shelter no son grandes.

—Por favor, ¿dónde están los perros grandes? —le dice Susana al hombre.

—¿Perros grandes? Pues no tenemos perros grandes.

—Queremos dos o tres perros grandes. Tenemos un trineo de perros. Vamos a conducir el trineo de perros a Elephant Point. Pero no tenemos perros —dice el papá de Susana.

—¡Ah, sí! ¡Eres la chica del concurso de Weee! ¡Juegas muy bien! ¡Te vi en la tele!

—Muchas gracias. Pero ¿tienen perros grandes?

Susana está un poco molesta. ¿Dónde están los perros grandes?

El hombre del Alaska Animal Shelter mira a Susana.

—¡Sí! ¡Sí! ¡Vamos a ver! ¡Ah! Seis perros. Son muy buenos perros. Aunque no son muy grandes, no son estúpidos. Los perros grandes son estúpidos. Los pequeños no son estúpidos. Y son muy bonitos, ¿no? ¡Son más bonitos que los perros grandes!

Susana mira los seis perros.

Hay un perro labrador. Hay dos perros salchicha. Hay un perro beagle. Y hay dos chihuahuas. Pero el trineo es muy grande, y los perros son muy pequeños.

El papá de Susana está enojado.

—¡Son perros pequeños! ¡Son todos pequeños! ¡Los perros pequeños no pueden tirar de un trineo!

—¿No pueden tirar de un trineo? ¡Tiran muy bien! Son fuertes. Tiran mejor que los perros grandes. Y como son pequeños, ¡no comen mucho!

—Son muy pequeños. No pueden tirar de un trineo —dice el papá de Susana.

—¿Dónde está su trineo, señor? Venga. ¡Vamos a ver si los perros pueden tirar de su trineo o no!

- - -

Quince minutos más tarde, Susana y sus padres tienen seis perros.

—¡Mañana vamos a Elephant Point!

CAPÍTULO TRECE

—¡Rápido!

El papá de Susana está enojado. Está enojado porque los seis perros corren muy despacio.

Los seis perros miran al papá de Susana. Menean las colas. Pero no corren más rápido que los grandes.

—¡Lo ven! En el Alaska Animal Shelter ya lo dije. ¡Estos perros no pueden tirar de un trineo! ¡Se lo dije! ¡Pero ustedes no quieren escuchar nunca! —dice el papá de Susana.

—Estás muy enojado, Bob. Pero mira. ¡Estos

seis perros son adorables! Mira, ¡menean las colitas!
¡Son adorables!

—Sí, papi. ¡Son adorables los perritos!

El papá de Susana no está contento.

—Necesitamos ir a Elephant Point. Si llegamos
a Elephant Point hoy, vamos a tener mucho dinero.
Pero si no llegamos hoy, ¡no vamos a tener el dinero
de Powerball!

Susana mira a sus padres. Freddy Fitzsimmons
dice que tienen que estar en Elephant Point el día
veintidós de junio.

—¿Hoy es veintidós de junio?

—Sí. Tenemos que llegar hoy.

—Y ahora… ¿qué hora es?

—Casi las siete. Tenemos cinco horas más.

Susana tiene otra idea.

—¿Y si yo ayudo a los perros? Tiro del trineo con
ellos.

Susana corre cinco minutos con los perros. Pero los perros pequeños corren muy despacio. No pueden correr más rápido.

—Mamá, los perritos están cansados. Tira conmigo, ¿vale?

La mamá de Susana no está muy contenta, pero corre hacia Susana. Ella ayuda a Susana y a los perros a tirar del trineo. Las dos personas y los seis perros tiran quince minutos, pero los perros no corren rápido.

—Ustedes tienen que correr más rápido —dice el papá de Susana.

La mamá de Susana está enojada.

—Oh, sí. Estás en el trineo, Bob. ¿Por qué no tiras del trineo con nosotras?

—Tirar del trineo…, pero yo…, tú…

—Papi, si queremos llegar a Elephant Point, tú tienes que tirar del trineo con nosotras y los perros.

—¿Tirar del trineo? Es un trineo de perros. Yo soy una persona. No soy un perro.

—¿Y somos perros Susana y yo? ¡Rápido! —dice la mamá de Susana.

El papá no está contento, pero corre a donde la mamá. Susana, sus padres y los perros tiran del trineo.

Tiran del trineo durante treinta minutos. Pero los perritos no corren rápido. Corren muy despacio.

¿Por qué los perritos corren despacio? Susana tiene otra idea.

—¡Es que tienen las piernas cortas! Las piernas de los perritos son muy cortas, pero nuestras piernas son largas. Corremos más rápido que los perritos, pero como nosotros corremos con los perritos, nosotros también corremos muy despacio.

Los padres miran a Susana. Los perritos menean las colitas.

—No quieres decir que…

—¡Sí! Nosotros tenemos que tirar del trineo y los perritos tienen que montar en el trineo. Ellos corren muy despacio, pero nosotros corremos muy rápido.

Cinco minutos más tarde, los seis perritos montan en el trineo. Las tres personas tiran del trineo. Ahora van muy rápido.

—¡Excelente! ¡Vamos a llegar a Elephant Point muy rápido!

Susana ve un punto negro pequeño. Diez minutos más tarde, el punto está grande. Veinte minutos más tarde, las tres personas y los seis perritos llegan a Elephant Point.

—Por favor, ¿dónde está la oficina de PowerBall?

—Está aquí —les dice un hombre.

Susana mira al hombre. ¡Es Freddy Fitzsimmons! Susana está muy contenta. Pero Freddy no está contento.

—Señor Fitzsimmons, ¿cuál es el problema?

Los seis perritos y las tres personas miran a Freddy.

—Es que…, es que…, ya son las doce y cinco. Ya no es el día veintidós de junio —dice Freddy.

—¿Quiere decir que no ganamos el dinero de PowerBall?

—Sí. Es correcto. No ganan los sesenta millones. Pero no importa. Por llegar a Elephant Point, tenemos un gran premio para ustedes. ¡Es una Weee!

Glossary

a: to
abre: s/he/it opens
adónde: to where?
adorables: adorable
aeropuerto: airport
ah: oh
ahora: now
al: to the
alce: moose
allá: over there
allí: there
alto: tall
americano:
    American
amiga: friend
animales: animals
aquí: here
así: so
aunque: although
avión: airplane
ay: OMG!
ayuda: s/he/it helps
ayudo: I help
baila: s/he/it dances
bailan: they dance
bailar: to dance
baile: dance
beagle: beagle

bien: well, good
blanca: white
boleto: ticket
bonitos: pretty,
    good-looking
botellas: bottles
buenas tardes:
    Good
    afternoon/
    evening
bueno: good
Buenos días: Good
    day
cada: each
café: coffee
cafecito: a little
    coffee
camina: s/he/it
    walks
campeón:
    champion
campeona:
    champion
canción: song
cansados: tired
canta: s/he/it sings
cantamos: we sing
cantan: they sing

cantantes: singers
cantar: to sing
cantas: you sing
canto: I sing
capítulo: chapter
caro: expensive
casa: house
casi: almost
chica: girl
chico: boy
chihuahuas:
    chihuahuas
China: China
chino: Chinese
cinco: five
cincuenta: fifty
ciudad: city
clase: class
clásicos: classic
cobaya: guinea pig
coche: car
colas: tails
colitas: little tails
color: color
come: s/he/it eats
comen: they eat
comer: to eat

comería: I/she/he/it
would eat
cómo: how?
como: since
compañía:
company
competir: to
compete
compite: s/he/it
competes
compiten: they
compete
compran: they buy
comprar: to buy
computadora:
computer
con: with
concurso: contest
conduces: you
drive
conducir: to drive
conducirlo: to
drive it
conduzco: I drive
conecta: s/he/it
goes online
conectarme: for me
to go online
conectarse: to go
online

conectarte: for you
to go online
conmigo: with me
contento: happy
contigo: with you
corre: s/he/it runs
correcto: correct
corremos: we run
corren: they run
correr: to run
cortas: short
cosas: things
cree: s/he/it
believes
creo: I believe, I
think
cuál: which?
cuando: when
cuántas: how
many?
cuánto: how much?
cuarenta: forty
cuarto: fourth
cuatro: four
cumpleaños:
birthday
curiosidad:
curiosity
da: s/he/it gives

dale: s/he/it gives
to him/her
damos: we give
dan: they give
darme: to give to
me
darte: to give you
de: of, 's
de acuerdo: agreed!
debajo: below,
underneath
decir: to say
decirle: to say to
him/her
del: of the
delicioso: delicious
demasiada: too
despacio: slow,
slowly
detrás: behind
día: day
dice: s/he/it says
dicen: they say
dices: you say
diez: ten
difícil: difficult
dígame: tell me
dije: I said
dijo: s/he said
dilo: say it!

dime: tell me
dinero: money
dio: s/he/it gave
Dios: God
doce: twelve
dólares: dollars
donde: where
dónde: where?
dos: two
durante: during, for
él: he
el: the
ella: she
ellos: they
en: in
encanta: it is enchanting to
encantan: they are enchanting to
encima: on top of
enoja: s/he/it gets mad
enojado: angry
enorme: enormous
eres: you are
es: s/he/it is
esas: those
escribe: s/he/it writes

escucha: s/he/it listens; listen!
escúchame: listen to me!
escuchar: to listen to
escuchas: you listen
escuela: school
ese: that
eso: that
especial: special
está: s/he/it is
esta: this
estación: station
estado: state
están: they are
estar: to be
estás: you are
estas: these
este: this
estos: those
estoy: I am
estudiante: student
estudio: I study
estúpidos: stupid
excelente: excellent
experto: expert
familia: family
famoso: famous
fantástico: fantastic

feo: ugly
fotos: photographs
frente: front
frigorífico: refrigerator
fue: s/he/it was; s/he/it went
fuertes: strong
gana: s/he/it wins
ganamos: we win
ganan: they win
ganar: to win
ganaron: they won
ganó: s/he/it won
Gao Mingying: a boy's name
gatos: cats
gente: people
gracias: thank you
gran: big
grande: big
grita: s/he/it shouts
gritar: to shout
grupos: groups
guapo: handsome
guau: woof
guitarra: guitar
gusta: it is pleasing
gustan: they are pleasing

gustar: to be pleasing to

gustas: you are pleasing

gusto: pleasure

habla: s/he/it speaks

hablar: to speak

hablas: you speak

hablo: I speak

hacer: to make, to do

hacia: toward, to

hay: there is/are

helado: iced

historias: stories

hola: hello

hombre: man

hora: hour

horas: hours

horrible: horrible

hoy: today

idea: idea

imagínate: imagine...!

importa: s/he/it is important

importantes: important

imposible: impossible

inglés: English

interesantes: interesting

ir: to go

ironía: irony

Iwata Satoru: former Nintendo CEO and inventor of the Wii game system

jefa: boss

juega: s/he/it plays

juegan: they play

juegas: you play

juego: I play

jueves: Thursday

jugamos: we play; let's play!

jugar: to play

junio: June

julio: July

la: the

labrador: Labrador retriever

lado: side

largas: long

las: the

le: to him/her

lee: s/he/it reads

leemos: we read

leen: they read

leer: to read

les: to/for them

libro: book

llega: s/he/it arrives

llegamos: we arrive

llegan: they/you-all arrive

llegar: to arrive

llorar: to cry

lo: it

lo siento: I'm sorry

los: the

lunes: Monday

mal: bad, badly

mala: bad

malas: bad

mamá: mommy

Mami: Mom

mañana: tomorrow

más: more

matemáticas: math

me: to/for me

me llamo: I call myself; I'm named

media: half
mejor: better
menean: they wag
menos: less
meses: months
mí: me
mi: my
miércoles:
    Wednesday
millones: million
minutos: minutes
mío: my
mira: s/he/it looks
    at; look!
miran: they watch
mis: my
misma: same
molestia: irritation
molesto: irritated,
    upset
montan: they ride
montar: to ride
muchacho: boy
mucho: much, a lot
mujer: woman
mundo: world
muy: very
nada: nothing
nadie: nobody
necesario: necessary

necesita: s/he/it
    needs
necesitamos: we
    need
necesitan: they
    need
necesito: I need
negra: black
negro: black
nerviosa: nervous
niños: children
no: no, not
nos: to/for us
nosotras: we
nosotros: we
novia: girlfriend
nuestro: our
nueve: nine
nuevo: new
número: number
nunca: never
o: or
ochenta: eighty
ocho: eight
ocupada: busy
oficina: office
once: eleven
oportunidad:
    opportunity
otra: another

padres: parents
papá: daddy
Papi: Dad
para: for
pasa: s/he/it passes
película: movie
pensar: to think
pequeño: small
perdón: pardon
perfecto: perfect
pero: but
perritos: little dogs
perro: dog
persona: person
piensa: s/he/it
    thinks
piensan: they think
piernas: legs
pingüino: penguin
pocas: few
poco: little bit
pocos: few
podemos: we can
pones: you put
por favor: please
por: for
porque: because
practicar: to
    practice
preciosa: cute

prefiere: s/he/it prefers
prefiero: I prefer
pregunta: question
pregunto: I ask
premio: prize
primer: first
primero: first
problema: problem
profesora: teacher
programa: program
público: public
puede: s/he/it is able to
pueden: they can
puedes: you are able to
puedo: I can
puerta: door
pues: well
punto: point, dot
puntos: points
que: that
qué: what
queremos: we want
quería: s/he/it used to want
quién: who?
quiere: s/he/it wants

quieren: they want
quieres: you want
quiero: I want
quince: fifteen
quinientos: five hundred
quinto: fifth
rápido: fast
restaurante: restaurant
resultados: results
Rey: King
ricas: rich
ricos: rich
ríe: s/he/it laughs
sábado: Saturday
sabe: s/he/it knows
sabemos: we know
saben: they know
saber: to know
sabes: you know
salchicha: sausage
sé: I know
se llama: s/he/it calls self, is named
seas: that you should be
segundo: second
seis: six

seiscientos: six hundred
semana: week
señor: Mr.
señorita: Miss
sentado: seated
ser: to be
sesenta: sixty
sexto: sixth
si: if
sí: yes
siempre: always
sientan: they sit
siete: seven
sino: but rather
sofá: sofa
solo: only
somos: we are
son: they are
soy: I am
su: his/her/their
suerte: luck
supercontenta: really happy
sus: his/her/their
también: also
tampoco: neither
tan: so
tanto: so much
tarde: late

tardes: afternoon
tarea: homework
té: tea
te: to/for you
te llamas: you
    call yourself;
    you're named
tele: television
televisión:
    television
televisor: television
    set
tenemos: we have
tener: to have
tenerlo: to have it
tengo: I have
tenía 8 años: s/he/
    it was 8 years
    old
tercer: third
terminal: terminal
ti: to you
tiempo: time
tiene: s/he/it has
tienen: they have
tienes: you have
tipo: kind
tira: s/he/it pulls
tiran: they pull
tirar: to pull

tiras: you pull
tiro: I pull
todo: all
toma: s/he/it takes
tomando: taking,
    drinking
tomar: to take, to
    drink
trabaja: s/he/it
    works
trabajo: job
trece: thirteen
treinta: thirty
tren: train
tres: three
trescientos: three
    hundred
trineo: sled
tú: you
tu: your
tuviera: if I/she/he/
    it had
un: a
una: a
unas: some
uno: one
unos: some
usted: you
ustedes: you
va: s/he/it goes

vale: okay
vamos: we're going
van: they go
vas: you go
ve: s/he/it sees
veinte: twenty
veinticinco:
    twenty-five
veintidós: twenty-
    two
veintiséis: twenty-
    six
vemos: we see
ven: they see
venga: come!
vengan: you-all
    should come
venir: to come
veo: I see
ver: to see
verdad: truth
verlo: to see it
vete: go!
vi: I saw
viaje: trip
viejo: old
viene: s/he/it comes
viernes: Friday
voy: I go

Weee: a made-up game system
y: and
ya: already
yo: I